Musikalische Reisen durch England

George Kalb

Writat

Diese Ausgabe erschien im Jahr 2024

ISBN: 9789359949895

Herausgegeben von
Writat
E-Mail: info@writat.com

Inhalt

ZUM

GOUVERNEURE des KRANKENHAUS zur Betreuung und Erziehung exponierter und verlassener Kleinkinder.

HERREN,

Während ich die folgenden Blätter aus meinem umfangreichen Tagebuch herausnahm und sie so genau wie möglich zusammenfügte, um der Öffentlichkeit ein Beispiel meiner mühsamen Untersuchung des gegenwärtigen Zustands zu präsentieren MUSIK *In meinem Heimatland war ich etwas ratlos, bei wem ich meine Arbeit am ehesten einschreiben sollte. Ob* DOKTOR BURNEY *, der ursprüngliche Erfinder dieser Art von Komposition und der erste musikalische Reisende unserer Nation, dem ich für den Plan und die Durchführung meines Buches so viel zu verdanken habe und von dem ich mit seinen eigenen Worten sagen könnte, „dass er seit langem mein* Magnus Apollo *ist "– oder ob ich verpflichtet war, dem König von* Preußen *als dem größten* Dilettantenkünstler *seiner Zeit zu huldigen; der, wie ich annehme, während ich dies schreibe, wie ein anderer* Nero *, seine neuen Solfeggi zum sterbenden Stöhnen der hartnäckigen* Dantziggers *spielt ; – oder ob ich nicht diesen ehrwürdigen Richter aus seiner Dunkelheit hervorrufen sollte, der sich mit weniger ehrgeizigen Vergnügungen zufrieden gab pflegt die schönen Künste durch bescheidenere und bescheidenere, aber nicht weniger merkwürdige Experimente und vergnügt sich in den Mußestunden eines langen Urlaubs damit,* Amseln zu kaponieren [1] *; oder ob ich nicht gut daran tun sollte, den ehrenwerten Direktoren unserer Oper meine Dankbarkeit und die der Nation dafür auszudrücken, dass sie sich endlich dazu herabgelassen haben, einer* Engländerin *den Namen „Signora" zu geben und aufgrund dieses Titels einen Teil davon zu teilen die fürstlichen Einkünfte, mit denen die* Italiener *bisher verschwendet wurden und die diese würdigen Adligen und Herren, wie ich zu behaupten wage, ebenso bereitwillig englischen* MÄNNERN *gewähren würden , wenn sie nur bereit wären, entsprechend qualifiziert zu sein. Dieses Dilemma hatte jedoch ein Ende, als ich erfuhr, dass Dr. Burney und Signor Giardini gerade unter Ihrer Leitung eine Musikschule gegründet hatten (in Anlehnung an die italienischen* Konservatorien , nehme ich an *). Die* FINDELKRANKENHAUS *, wo etwa hundert solcher armen Kinder, die bisher in Berufen und Diensten eingesetzt wurden, in denen sie keine Gelegenheit hatten, in der Welt* Aufsehen zu erregen *, in Zukunft von Kindesbeinen an zur Harmonie erzogen werden sollen und ständig mit dem Studium der Musik beschäftigt; Bis sie im Laufe der Zeit ihre regulären Abschlüsse als* Doktoren *und* Doktorinnen *der Musik erlangten und mit ausreichender Bildung hervorkamen (wie sie unter solchen Meistern sein müssen), um den nationalen Geschmack nach dem wahren* italienischen *Standard zu prägen. Als ich von diesem Ereignis erfuhr, begrüßte ich das glückliche Omen, den Anbruch einer* augusteischen Ära *; und beschloss, meine Anerkennung in Form von Glückwünschen und Applaus auszudrücken und dieses Werk einer Reihe von Herren zu widmen, die sich durch ihren Eifer für das Interesse und die Weiterentwicklung der Musik so ausgezeichnet haben. Vielleicht scheint es auf den ersten*

Blick ein kühnes Unterfangen zu sein, dass die Betreuer verlassener Waisenkinder, die hauptsächlich durch parlamentarische Zuwendungen öffentlicher Gelder unterstützt werden, erklären, dass sie von der Öffentlichkeit nicht für einen nützlicheren Zweck unterhalten werden können, als ihnen das Singen und Spielen beizubringen Italienische *Airs. Denn Männer mit engstirnigem und gegensätzlichem Geist, die kein* Ohr *, keine* Stimme *, keine* Hand haben *, werden sich immer noch vorstellen, dass es sich als von größerem nationalen Nutzen erweisen könnte, diese adoptierten Kinder der Öffentlichkeit für die Landwirtschaft, die Schifffahrt usw. zu züchten. die Gegenstände ihres ursprünglichen Bestimmungsortes; als eine der edelsten unserer öffentlichen Wohltätigkeitsorganisationen in eine Kinderstube für die Versorgung unserer Theater, Gärten und Hopfen mit Musikern umzuwandeln. – Aber das ist ein vulgäres Vorurteil. Die Verbesserung der schönen Künste sollte in einem Zeitalter des Luxus das erste Ziel der öffentlichen Aufmerksamkeit sein.* FRIEDEN *und Fülle, wie die Gegenwart; Wenn wir den* Italienern *in der Musik Konkurrenz gemacht haben, wird es Zeit genug sein, an unsere Marine und unsere Landwirtschaft zu denken. Wir haben bereits (zu unserer Schande) bessere Seeleute als Geiger und mehr Bauern als* Kontrapunktisten *. Ich gehe jedoch davon aus, dass dieser Umstand ausschließlich auf den unterschiedlichen Grad der Förderung zurückzuführen ist, den diese Berufe bisher erfahren haben. Ich verzweifle nicht daran, das Gegenteil zu erleben, wenn Herren Ihres Ranges sich herablassen, hervorzutreten und die Fehler der Öffentlichkeit durch den Einfluss und die Billigung Ihres Beispiels zu korrigieren. Sollten sich irgendwelche Hindernisse ergeben, die die unmittelbare Umsetzung Ihres Plans behindern könnten, und zwar aufgrund veralteter, aber nicht aufgehobener parlamentarischer Beschränkungen, werden zweifellos dieselben Gesetzgeber, die so bereitwillig öffentliche Gelder für den Kauf von Sir* William Hamiltons *Sammlung* antiker *Vasen und* etruskischer *Raritäten ausgegeben haben, wird nicht nur alle früheren Handlungen aufheben, die Ihnen im Weg stehen könnten; aber freuen Sie sich über eine neue Gelegenheit, ihren feinen Geschmack und ihre Liebe zu den Künsten zu zeigen, indem sie eine zusätzliche Steuer auf diejenigen lebensnotwendigen Güter erheben, die nicht bereits überlastet sind, um eine angemessene Summe für den Kauf der besten* Cremonas aufzubringen *, und andere Instrumente, die auf dem Kontinent für den Dienst Ihrer Wissenschaft beschafft werden können . Ich muss nur hinzufügen, meine Herren, wenn Sie bei der Lektüre der folgenden Blätter feststellen werden, wovon ich überzeugt bin, dass meine Reisen in gewisser Weise auch eine* Angelegenheit *von nationaler Bedeutung sind; Ich hoffe, dass Sie so freundlich sein werden, meinen beabsichtigten Antrag beim Parlament zu unterstützen, damit die Kosten für meine zukünftigen Expeditionen auf öffentliche Kosten bestritten werden können. Dies, meine Herren, kann durch eine sehr kurze Klausel erreicht werden; und da es mir ermöglichen wird, meine Nachforschungen mit Elan, Glaubwürdigkeit und Erfolg zu verfolgen, wird es mir eine dauerhafte Verpflichtung auferlegen,*

Herren,

Ihr sehr gehorsamer,

und ergebener demütiger Diener,

[1] Siehe den letzten Band der *Philosophical Transactions* .

[2] — „Er war der Erste, der zu glauben schien, meine Reise sei in gewissem Maße eine Angelegenheit von nationalem Interesse."

REISE NACH DEUTSCHLAND USW.

MUSIKALISCHE REISEN usw.

ICH WURDE in der Gemeinde *Gotham* in der Grafschaft *Nottingham geboren* . Mein Vater war Säger und meine Mutter hatte vor ihrer Heirat viele Jahre lang auf den Straßen Londons „Austern und Newcastle-Lachse" geschrien. Von keinem von beiden wird gesagt, dass er für sein stimmliches oder instrumentales Talent bemerkenswert war. Die Stimme meiner Mutter war tatsächlich außerordentlich schrill und dissonant, wie mir die Nachbarn glaubhaft erzählt haben. Doch kaum war ich geboren, als ich Anzeichen ungewöhnlicher musikalischer Begabung zeigte. Ich kam singend statt schreiend auf die Welt. Zumindest war mein Schrei wirklich melodisch und entzückte die Ohren der Hebamme. Allerdings muss ich gestehen, dass die neidische alte Hexe von Amme behauptete, meine Mutter und Mrs. *Midnight* hätten den Ursprung der wilden Töne, die ich von sich gab, sobald ich das Licht der Welt erblickte, falsch verstanden. und sie bestand darauf, dass sie nur auf eine Windcholikerin hindeuteten, und überschüttete mich sofort mit einer großen Dosis Rhabarber. Sie hat jedoch freimütig zugegeben, dass sie mich problemlos in den Schlaf sang, wenn ich mürrisch war, und das sogar mit einer so einfachen Melodie wie „ *Jack Sprat* " oder „*Hey Diddle Diddle, The Cat and the Fiddle*". Ein harsches und drohendes Rezitativ hielt mich ebenso wirksam von einem bösen Streich ab wie eine ordentliche Tracht Prügel. Der Klang einer Trommel oder anderer Kriegsmusik hatte eine so unmittelbare Wirkung auf meine Nerven, dass ich immer ausgetrocknet sein musste, bevor das Stück zur Hälfte vorbei war. Der berühmte *Marsch in „Saul"* ist selbst heute noch zu stark für mich, obwohl ich jeden anderen ertragen kann, ohne dass es mir anstößig wird. Ich bin zwar so sehr von der Verbindung zwischen Klang und Sinn in aller guten Musik überzeugt, dass ich es wagen möchte, *Händels „Wasserstück"* und „*Wasser trennte sich vom Meer*" als Beispiele für eine Strangurie anzuführen. Ich weiß, dass viel Wahres an *Shakespeares* Aussagen über den Dudelsack ist, und ich habe beobachtet, dass ein Jockey bei solchen Gelegenheiten immer seinem Pferd etwas vorpfeift, was stets eine großartige Wirkung erzielt, auch wenn es dem Darsteller an einer brillanten Ausführung mangelt.

Eine der ersten Erfahrungen, an die ich mich in meinen frühen Jahren erinnern kann, war die große Freude, die ich empfand, als ich einem blinden Jungen zuhörte, der auf einer zwischen einem Bogenstock und einer Saite eingeklemmten Luftblase Melodien spielte. Als nächstes erregte die Maultrommel meine Aufmerksamkeit, und danach der Dudelsack und das Fagott. Tatsächlich erinnere ich mich, dass meine Großmutter mir erzählte, dass ich, als ich noch im Mantel war, große Freude daran hatte, die Schweine des Pfarrers in den Schwanz zu kneifen und ihren verschiedenen Tönen und Klängen zu lauschen, vom *Fis* des Winselns des Kleinsten der Familie bis hinunter zum *B* des Ebers selbst. Dies, meine Aufmerksamkeit für meine Koralle und meine Glöckchen und Rassel, das Singen durch einen Kamm und braunes Papier, zusammen mit der großen Geschicklichkeit, die ich später beim Herstellen von Pfeifen aus Schilf und frischer Rinde von Bergahornzweigen zeigte, ließen die ältesten Leute der Gemeinde voraussagen, dass ich eines Tages ein großer und gefeierter Musiker werden würde.

Meine Vorliebe für die Schwesterkunst der Musik, die Poesie, wurde, wie ich weiß, ebenfalls schon sehr früh in meiner Kindheit beobachtet; wie ich immer meinen Mund weit offen hielt, wenn in unserer Pfarrkirche der Psalm gesungen wurde; und war bald in der Lage, ohne Buch einen großen Teil von *Sternholds* und *Hopkins* ' hervorragender Version der Stücke des großen Dilettanti-Interpreten auf der Harfe, der Stücke von König *David* , zu wiederholen .

Da ich genau darüber informiert war, dass die Kindheit und auch die reiferen Jahre des großen Mus. D. oder musikalischen Doktors (den ich *par excellence* DR. MUS nenne) auf ganz ähnliche Weise verliefen und alle alten Damen seines Bekanntenkreises mit ähnlichen Erwartungen verbunden waren, und da ich beobachtet hatte, mit welchem *Beifall* und welcher allgemeinen Zustimmung aller Leute mit Geschmack sein scharfsinniger Bericht über seine genialen Reisen aufgenommen wurde, fasste ich den Plan, einem so berühmten Beispiel zu folgen und durch die Gebiete *England* , *Schottland* und *Irland* mit der Stadt *Berwick-* upon- *Tweed zu reisen* , um einen wahren Stand der musikalischen Entwicklung und des Fortschritts in diesen Königreichen zu geben, und hoffe, mir einbilden zu dürfen, dass der Dr. selbst mein Unterfangen begrüßen und es als angemessene Ergänzung seines ausgefeilten Werks betrachten wird.

Bevor ich meine Reise antrat, beschloss ich, meinen Namen von *Collier* in *Coglioni* oder *Collioni zu ändern* , da dies wohlklingender war. Am 1. April löste ich mich aus den Armen meiner weinenden Frau und meiner vier kleinen Kinder, steckte mein Fagott in eine grüne Tasche und warf es mir über die Schultern. Mein großes Violoncello legte ich auf meinen Schoß, als ich im Wagen saß, und meine Kleider packte ich zusammen mit einer Flasche Brandy und einigen Keksen in den Violoncellokasten. Da mich auf meiner Reise weder ein Dilettanti-Lord unterstützte noch mir eine Eintrittskarte schickte, muss ich gestehen, dass meine bescheidenen Verhältnisse und die Armut, in der ich meine Familie zurückgelassen hatte, meine Stimmung trübten. Aber dieser wurde immer schnell durch eine Melodie auf dem Violoncello verflüchtigt, und ich erinnerte mich an die großen Vorteile, die meine Reisen zur Erforschung des Stands der Musik auf dieser Insel für mein geliebtes Heimatland hätten, und an den Ruhm und die Ehre, die ich durch

die Veröffentlichung meiner Arbeit erlangen würde, die vielleicht nur denen
des großen Dr. *Mus* selbst nachstehen würden.

Vom Geschmack inspiriert, flog ER ÜBER LAND UND MEER ,
Er sah Europa, und Europa sah auch ihn.
Durch Länder des Singens oder der tanzenden Sklaven,
Von Liebe widerhallende Wälder und von Lauten widerhallende Wellen.
O, während im Strom der Zeit dieser Name
Entfaltet sich und sammelt all seinen Ruhm;
Sag, soll mein kleiner Barkenwärter segeln,
Dem Triumph nachjagen und am Sturm teilhaben?—

LINCOLN.

SO tröstete sich der Wagen gelegentlich, als er in der berühmten und antiken Stadt *Lincoln ankam* . Mein erster Besuch galt einer jungen Dame mit hohen musikalischen Kenntnissen. Sie empfing mich mit einer überaus bezaubernden Miene, die sie zu ihrer Gitarre sang, denn sie hatte von meinem Ruhm in *Gotham gehört* und war nicht unbekannt von meinem Plan für den Wandel: Ihr Name war ursprünglich *Fernihough* , aber sie hatte den Hough *schon lange aufgegeben* Ende davon als gotisch und unharmonisch. So grüßte sie mich:

„Lieber Collioni, Collioni, Collioni;

Lieber, lieber, lieber Collioni;

Glücklich, glücklich, Gotham, Gotham;

Gotham, Gotham, glückliches Gotham."

Als Antwort auf dieses Kompliment konnte ich mich nur verneigen und lächeln (was meiner Meinung nach, obwohl es sehr elegant war, nicht über meinen Verdiensten lag), da ich kein improvisiertes Sonett parat hatte, um darauf zu antworten.

Dann nahm sie mit entzückender Miene meine Hand und stellte mich Dr. *Dilettanti vor* , einem höchst berühmten Zeithistoriker; Er saß nachdenklich da und schlug mit dem Fuß, ergriff meine Hand und ließ sie wieder los, und zwar in derselben Zeitspanne, die er an den Pulsationen seines Fußes maß.

„Entschuldigen Sie", sagte er, „berühmter *Collioni* , die maßvolle Art meiner Gesten, Sie zu begrüßen; Aber ich habe mich schon lange daran gewöhnt, die Zeitabschnitte auf verschiedenen klingenden Instrumenten abzumessen, und habe sie schließlich in alle Bewegungen meines Körpers einfließen lassen. Bei mir zu Hause, Herr, werden Sie lernen, Ihr Fleisch zu schneiden und Ihre Kiefer beim Abendessen im gemeinsamen oder dreifachen Takt zu bewegen, je nach den Instrumenten, die unsere Mahlzeiten begleiten. – Wie leicht ist es, die Karten zu beurteilen, wenn man sie in der Quadrille austeilt wenn die Partei ein Ohr hat! – – der Herr dort, der an unser Fenster kommt, sehen Sie, wie er seine Arme im exakten Takt schwingt, genau wie das Pendel einer Uhr. Ich kann Ihnen versichern, dass er großartig auf dem Violoncello spielt. Meine liebe Frau sagt, die ehelichen Zärtlichkeiten werden doppelt verbessert, wenn ein Ehemann ein guter Zeitverwalter ist. Sie befürwortet die Dreifachzeit; und aus diesem Grund hatte ich früher einen Diener, der jeden Sonntagabend in unserem Schlafzimmer spielte, bis wir schliefen. Und seit ich einer der *Kastraten geworden bin* , habe ich mir angewöhnt, wie ein

Schwein in regelmäßigen Abständen Wasser zu machen; und kann sagen, dass ich glaube, dass ich hinsichtlich der Genauigkeit meines Gehörs von keinem modernen Musiker übertroffen werde."

Daraufhin nahm dieser große Mann eine Maultrommel, die neben ihm lag, und brachte mit einem „Twing, Twang, Twong", wobei er seinen Finger über seine Lippen bewegte und im exakt gleichen Takt Grimassen schnitt, eine so lüsterne Harmonie hervor, dass sie meine Seele entzückte und die süße Miss *Ferni* in die angenehmsten Krämpfe versetzte.

Während unseres Abendessens unterhielten uns zwei Diener des Doktors mit vielen hervorragenden und feierlichen Musikstücken. Tatsächlich war ich so darauf bedacht, mein Fleisch rechtzeitig zu schneiden und zu essen, da ich glaubte, mein Charakter hänge von diesem Umstand ab, dass ich mir unglücklicherweise die Lippen aufschnitt, so dass das Blut mich sehr erschreckte; und die süße Miss *Ferni* kümmerte sich so eifrig um die Geigenspieler, dass sie, als sie plötzlich den Takt von *Adagio* auf *Sestina umstellten* , den Elfenbeinlöffel aus einem Senftopf verschluckte; Ich bin sicher, dass dieser, als er an ihrer Kehle klebte, dieser hervorragenden jungen Dame außerordentliche Schmerzen bereitet hat, und doch hustete sie und erbrach sich sogar immer wieder in präzisester Zeit und schrie vor Angst höchst harmonisch über die gesamte Skala, von *einem* bis zum anderen *g* einschließlich, lange nachdem der Löffel wieder an seinen Platz gebracht wurde.

SHEFFIELD.

DR. *Dilettanti war so freundlich, mir* auf meinem Weg nach *York* einen Platz in der Postkutsche nach *Sheffield zu schenken* , damit ich mich nach dem gegenwärtigen Stand der Musik dieser Stadt und Kathedrale erkundigen konnte. Unter den anderen Passagieren war ein Herr von ernster Erscheinung, der zunächst kein Gehör zu haben schien, da er mich im Gasthof nicht beachtete, als ich ein bezauberndes Solo auf meiner Oboe spielte. Doch im weiteren Gespräch wurde er zu einem äußerst angenehmen Gesellschafter. Er lobte den Einfallsreichtum der Hersteller *in Sheffield* und erzählte mir von einem neuen Musikinstrument, das seiner Meinung nach komplizierter und lauter als eine Orgel sei. Am nächsten Tag war er so freundlich, mich zu begleiten, um dieses neue organische Instrument zu hören. Das erste, was ich bemerken konnte, waren eine Anzahl Eisenpfeifen und ein Wasserrad zum Antrieb des großen Blasebalgs, wie bei der Orgel, von der es einen Druck in *Kempleri Musurgia gibt* . Als das Rad in Bewegung war, hörte ich viele der Töne höher als bei jeder anderen Orgel, die ich je gehört hatte; und man erzählte ihm, diese findigen Leute hätten herausgefunden, dass die einzige Möglichkeit, diese herzustellen, das Bohren von Gewehrläufen sei. Dazu wurde eine Symphonie erzeugt durch Feilen, die die Zähne großer Sägen schnitten, und die sanften Töne zweier großer Hämmer, die in Abständen auf große Stücke glühenden Eisens schlugen, ergaben ein gewaltigeres und ergreifenderes Konzert als alle vermischten Schnitzereien von *Cecilias* Orgel.

Nachdem ich den Interpreten dieses gewaltigen Harmoniestücks einen Schilling bezahlt hatte, worüber mein ernster Begleiter großes Entzücken zu zeigen schien und meinen Bemerkungen darüber mit größter Begierde und Zustimmung lauschte, sagte er: „Signior *Collioni* ", sagte er, „Ihre Beobachtungen berühren mich. Die älteste Musik, wie Sie treffend erklären, wurde mit Hämmern gemacht, die auf Ambosse schlugen, wie es *Tubal Kain erfand* und in der Werkstatt seines Nachfolgers *Vulkan praktiziert wurde* , obwohl *Saturn als der erste der Kastraten* gilt . — Aber diese Erfindung war nicht vollständig, Signior *Collioni* , sie war nicht vollständig, bis dieser hervorragende Diskant hinzugefügt wurde, der mit Bohrgewehren und Sägen erzeugt wurde. — Sie ist nun die wahre alte, berühmte, lange verlorene und lange beklagte Chromatik geworden, die dieser Heide *Plato* , der zweifellos Eselsohren hatte, aus seinem künstlichen Staat vertrieb."

„Zweifellos liegen Sie mit Ihren Vermutungen richtig", antwortete ich, „Mr. *Hummings* (so hieß mein freundlicher Begleiter), es war Musik wie diese, die den Mond entzaubern und Bäume und Steine dazu bringen konnte, *Allemands zu tanzen* . Können Sie es glauben, Mr. *Hummings* , dass ich selbst einmal ein von einer Tarantel gebissenes Mädchen mit diesem einfachen Fagott geheilt habe?

„ *Trut, turrut, phub, phub, bush!* – Das war die Melodie, Mr. *Hummings* , Sie werden sie hören – *trut, turrut, phub, phub, bush* : – Das Mädchen erhob sich aus ihrer melancholischen Haltung und tanzte, bis der Schweiß bis zum Saum ihres scharlachroten Unterrocks lief. Und nachdem ich ihr ein bisschen Geld geschenkt hatte, wurde sie so munter, dass sie sich wie König *David auszog* und wie ein *Heinel tanzte* . Ich kann Ihnen versichern, Mr. *Hummings* , ich habe den bösen Geist vertrieben und sie in dieser Nacht von ihrem Tarantelwahn geheilt.

„Nicht unähnlich ist eine Tatsache, die der göttliche *Homer berichtete* . *Odysseus* hatte einen großen Riss in seinem Oberschenkel, der von einem wilden Eber verursacht wurde – ein schreckliches Tier, Mr. *Hummings* . – Nun, und was geschah? – Nun, er schickte nur nach den Stadtdienern, und nachdem die ersten ein oder zwei Takte gespielt waren, hörte das Blut auf. Und als die Geigen weiterspielten, zog sich die Wunde zusammen, und als sie *Alley Croaker* , *Moggy Lauder* und *A lovely Lass to a Fryar beendet hatten* (alles antike *griechische* Melodien, Sir), war die Wunde vollständig verheilt und die Narbe so glatt wie mein Handrücken."

Während dieser Unterhaltung ereignete sich in unserer Nähe ein unglücklicher Unfall. Einer der Hammer- und Eisenspieler hatte sich bei einem Sturz das Bein gebrochen. Sofort wurde nach einem Chirurgen geschickt, aber Mr. *Hummings* meinte, ich solle auch die Wirkung des Fagotts auf ihn ausprobieren, und sagte den Leuten, auf mich zeigend, sie müssten nicht weiter suchen, denn ich sei jedem Chirurgen überlegen. Als er meinen grünen Beutel aufmachte, schrie der Mann und bat, keine Instrumente zu verwenden. „Nein, (sagte ich), keine außer einem Musikinstrument." Also begann ich mit einem sanften Stoß und spielte und sang abwechselnd: „ *Sie werden nie eher zur Stygischen Fähre kommen. Lassen Sie sich nicht entmutigen, sondern trinken Sie, trinken Sie, trinken Sie und seien Sie fröhlich.* " – „Geben Sie mir etwas Bier (ruft der Verwundete), das gefällt mir, Doktor." Danach blies ich, bis mir fast die Wangen platzten, und sang dann: „ *Wenn es Freude ist, einen Liebhaber zu verletzen* "; aber der Knochen wollte nicht zusammenwachsen: – tatsächlich konnte ich ihn überhaupt nicht zum Zusammenwachsen bringen – und ich glaube nicht, wie Mr. *Hummings* sagte, dass, wenn Dr. *Mus* selbst und alle Musiker Großbritanniens, Geiger, Violoncelli, Doppelvioloncelli, Trompeten und Marinetrompetenspieler, zusammen mit jedem *Kapellmeister* Italiens anwesend gewesen wären, sie den Knochen zum Zusammenwachsen hätten bringen können – was, wie ich annehme, an der skorbutischen Körperhaltung des Patienten lag; tatsächlich schrieb Mr. *Hummings es ausschließlich dieser Ursache zu; denn die Blutung hörte auf* zu fließen, bevor ich das erste Lied beendet hatte.

YORK.

York geschah NICHTS Bemerkenswertes ; aber als ich mich dieser berühmten Stadt näherte, hüpfte mein Herz vor Freude, sobald ich die Türme der Kathedrale erblickte; Hier, sage ich, werde ich viel gestreichelt und befolgt werden, das wage ich zu glauben, da es so viele Dilettanten gibt, *die* in den Bezirken dieses antiken Sitzes der Musik und des Aberglaubens leben. Dieser Brief, sagt ich, sei von unschätzbarem Wert, wenn ich ihn aus meiner Tasche nehme und die Anweisung vorlese: „Für diesen unvergleichlichen Musiker und Antiquar, Dr. *Hiccup* ." Zweifellos wird er seinen Freunden in *Lincoln* , die mich damit geehrt haben, große Aufmerksamkeit schenken. Der Diener führte mich in ein elegantes Wohnzimmer, in dem eine Uhr mit Glockenspiel stand, die so konstruiert war, dass St. *Peter* , St. *Paul* und die *Jungfrau Maria* abwechselnd die Glocken schlagen sahen und von einem süßen Trio zu jeder vollen Stunde verkündet wurden Tag. Dr. *Hiccup* war offenbar bei seinen Andachten, die er immer in Anlehnung an den großen und frommen Musiker König *David durchführte* . Er war eine große, knochige Gestalt mit dunkler Hautfarbe und trüben Augen. Als ich mich setzte, achtete er nicht auf mich, sondern tanzte weiter, mit einer Harfe in der Hand, ohne seine Hosen und mit seinem Nachthemd und Hemd, das er über die Taille hochgesteckt hatte; und während er seine braunen Hinterteile hin und her drehte, kicherten alle Frauen und Kinder, die durch das Fenster seines Wohnzimmers hereinschauten, und machten Grimassen und gaben eine Vielzahl unanständiger Gesten und Geräusche von sich. Nichts davon unterbrach jedoch die Andacht dieses großen Mannes.

Niemals wurden einer sterblichen Harfe, weder *aus dem Kambrium* noch *aus dem Äolischen, so bezaubernde Melodien entlockt!* Der Tanz war die Hingabe selbst in Menschengestalt! Nach einer kleinen Erfrischung ließ sich dieser berühmte Musiker herab, mich mit einigen interessanten Einzelheiten aus seinem Leben zu unterhalten, die ich in seiner Gegenwart in mein Taschenbuch schreiben durfte.

Er stand jeden Morgen auf, wenn seine Glockenuhr elf schlug (denn wie der berühmte *Chevalier Gluck* ist er ein zu großes Genie, um früh aufzustehen) und starrte im Allgemeinen die ganze Zeit mit offenem Mund, während seine Dame ihm die Hosen anzog. Zum Frühstück aß er immer Brötchen und Butter, egal ob im Sommer oder im Winter; und nach dem Frühstück besuchte er *Cloacina* , versicherte mir jedoch, dass er bei dieser Gelegenheit auf keinen Fall alte Musikbücher benutzte. Er zog sich gegen zehn zur Ruhe zurück und versäumte es selten, seiner Dame einmal im Monat ein Kompliment dafür zu machen, dass sie ihn ausgezogen hatte.

Er teilte mir noch viele andere, weniger wichtige Einzelheiten mit und war schließlich so freundlich, mich zu bitten, ihm ein oder zwei Melodien auf dem Fagott vorzutragen.

Ich dachte, dies sei eine gute Gelegenheit, ihm eine Kostprobe meines poetischen und musikalischen Talents zu geben, und trug das folgende Lied vor, das ich vor einigen Jahren in *Gotham komponiert habe* .

„Einige kamen mit einem Wagen, andere mit einem Karren.

Und viele von ihnen haben nichts anderes gemacht als zu f—t:

Oh, seltene Stadt *Nottingham* , Stadt *Nottingham* !

Nottingham- Stadt; Oh, seltene *Nottingham*- Stadt!"

Die Süße der Töne auf meinem Fagott, einem Instrument, dessen Klang dem Klang, den es darstellen sollte, so sehr ähnelt, entzückte seine Ohren, die während meines gesamten Auftritts ganz herabhängend auf seinen Schultern lagen.

Ich habe diese Nacht bei Dr. *Hiccup geschlafen* und mir ein Hemd und ein Paar Strümpfe von ihm geliehen. Beim Frühstück nutzte ich die Gelegenheit, ihm von der Enge meiner Umstände zu erzählen; Doch plötzlich überkam ihn ein Anfall von stürmischer Hingabe, und er zog sein Nachthemd bis zur Taille hoch und begann zu singen, zu tanzen, zu hüpfen und zu treten, und zwar so sehr, dass niemand im Raum sicher war: Ich rannte zur Tür, um meine Schienbeine zu schonen, und der Doktor erhob sich wie ein Harlekin mit beiden Füßen in die Luft und versetzte mir einen solchen Pferdetritt auf den Hintern, während er gleichzeitig den *Marsch in Saul sang* , dass ich in die Tür hinabstieg Ich ging mit dem Kopf voran fünf Stufen die Straße hinunter und ließ mein Fagott an zwanzig Stellen krachen.

Sechs Stunden lang wartete ich an der Tür, doch ein Diener sagte mir aus dem Fenster, dass der Doktor immer noch seinen Tanz der Hingabe aufführte; und soweit ich weiß, kann dieser große Mann bis zum Tag des Jüngsten Gerichts tanzen, da ich danach nie eine andere Antwort an seiner Tür bekommen konnte.

Bei reiferem Nachdenken fand ich diese Art der Behandlung durch einen Musikerbruder, dem ich so gut empfohlen wurde, sehr hart; aber ich tröstete mich mit dem Gedanken, dass mein Fagott zwar an verschiedenen Stellen gebrochen war, ich aber das Hemd und die Strümpfe des Doktors behalten hatte; und dass es sehr wahrscheinlich war, dass mein großer Vorbild, Dr. Mus selbst, häufig die gleiche Behandlung erfahren hatte, obwohl er aus Bescheidenheit dazu geneigt war, dies zu verbergen.

DURHAM.

VON diesem Ort bis nach *Durham* musste ich zu Fuß reisen; und indem ich den Mädchen in den Dörfern, durch die ich kam, „ *Black Joke* ", „*Murdoch O'Blaney*" *und andere sentimentale Lieder* vorspielte , verschaffte ich mir Nahrung und Unterkunft, die mein Bruder vom String mir verweigert hatte. In *Darlington* bediente ich den *Maestro di Capella* oder Pfarrer, von dem ich behaupten darf, dass er die beste Nasalität oder Nasenintonation hatte, die jemals Davids *Psalmen verliehen wurde* ; und die Melodie seines *Amen* war ziemlich erstaunlich.

Mein Fagott wurde in dieser Kirche so gut aufgenommen, dass die Dame des Gutsherrn mich zum Abendessen einlud. „Guter Signor *Collioni* ", sagte sie, „Sie haben mich bezaubert, Sie haben mich entzückt. Bitte, riecht der Wind, der am Ende Ihres Instruments ausströmt?" – „riecht!", sagte ich, „nein, gnädige Frau, es sei denn, ich esse Zwiebeln." Darüber lachten alle Damen ganz ausgelassen.

Allerdings gab mir der Squire nach dem Abendessen ein Empfehlungsschreiben an den großen Mr. *Eccho* aus *Durham* , den Hauptdarsteller dieser opulenten Kathedrale; und erzählte mir dabei, dass Herr *Eccho* sich so lange mit Noten beschäftigt habe, dass er jede artikulierte Sprache völlig vergessen habe. Dass er predigte, sich unterhielt, betete, schimpfte, fluchte, Unsinn redete und lästerte, alles auf der Geige, ohne ein Wort zu sagen oder auch nur ein Zeichen mit den Fingern zu machen.

Bei meiner Vorstellung bei diesem großen Mann begann ich eine lange, lobende Rede, die ich einige Zeit lang einstudiert hatte. – „Sehr ehrenwerter Herr, dessen Seele eine Seele der Harmonie ist und dessen Körper wie eine Bassvioline ist." – Hier schnappte er sich mit großer Selbstzufriedenheit seine Geige, und während er den Bogen sanft über die Saiten zog, sagte er so deutlich, als hätte er es selbst gesagt: „Oh, Sir, Ihr ergebenster Herr; Sie machen mir wirklich zu viele Komplimente, Sir." Dann erzählte ich ihm, wie weit ich zu Fuß gereist war und dass die staubigen Straßen mich ausgetrocknet hatten. Er schnappte sich seine Geige, und bevor er ein oder zwei Takte weitergespielt hatte, kam ein Diener mit einem Krug köstlichen Biers herein. Als nächstes erwähnte ich bescheiden, dass ich den ganzen Tag nichts gegessen hatte. – „ *Trut, trut, bish, bash, bush* ", ruft die Geige. – „In der Tat, Sir", antworte ich, „ich faste nicht aus Frömmigkeit" – „ *ir, er, ar, querr, quorr, quurr* " – sprach die Geige, und im Handumdrehen kamen ein Lendenstück kaltes Rindfleisch sowie Senf und Brot herein.

„Dieser Herr", sagte ich, „ist größer als *Orpheus* oder *Eurydike* oder die *Schlange* ; – nein, nein, *Orpheus* konnte so etwas nicht tun – Bier und Rindfleisch waren ein oder zwei Töne besser als seine Geige!"

Bald darauf kam Mr. *Ecchos* Frau herein und sagte: „Was zum Teufel haben Sie vor, Bettler in mein Haus zu bringen?" – Mr. *Eccho* nahm die Geige wieder auf und hörte einen solchen Lärm, wie ich ihn noch nie gehört hatte: „ *arg, erg, urg, gir, gor, gur* " – ich wette, die Dame war so stumm, als wäre sie verzaubert.

Als ich hörte, wie diese Dame mir den Schimpfnamen Bettler gab, zeigte ich ihr unbedingt den Diamantring an meinem kleinen Finger, den ich immer trage, wenn ich in der Öffentlichkeit auftrete. Das könnte ihr eine bessere Meinung von mir einbringen, obwohl es sich tatsächlich nur um einen Bristol-Stein handelt und ich einem Silberschmied zwei Pence pro Woche für die Benutzung bezahle. Außerdem hätte ich mir eine Weste mit Spitzenbesatz gemietet, aber man verlangte dafür einen Schilling pro Woche, obwohl ich sicher bin, dass die Spitze zweimal gedreht worden war. Hätte ich sie gemietet, hätte Dr. *Hiccup* mich wohl kaum aus seinem Haus geworfen.

CARLISLE.

BEI *Carlisle* Ich bediente Lord *Diddle-doodle* mit den entsprechenden musikalischen Qualifikationen: Er saß an einem Glas gelehnt, übte ein paar Solfeggis auf der Geige und achtete auf die Anmut seiner eigenen Haltung. „Höchst erlauchter Peer", sagte ich (und verneigte mich bis zum Boden), „Ihre edlen Vorfahren errangen den Sieg auf den harten Schlachtfeldern, aber Sie zivilisieren und harmonisieren die Menschheit durch Musik; mit welcher Verzückung müssen sie sich aus ihren sternenbedeckten Gemächern herabbeugen, um Ihre unsterblichen Kräfte der Harmonie und Anmut zu sehen und zu hören!" Ich hielt inne und als ich aufsah, stellte ich fest, dass Seine Lordschaft kein einziges Wort von dem gehört hatte, was ich gesagt hatte, und sich meiner Anwesenheit im Raum auch nicht bewusst zu sein schien; – aber da große Genies oft abwesend sind, wiederholte ich mein Kompliment mit lauterer Stimme und stellte beim Näherkommen erstaunt fest, dass Seine Lordschaft völlig taub war, taub wie ein Stock; und dennoch führte er die schwierigsten musikalischen Passagen mit der größten Anmut und Art aus, besser, wage ich zu sagen, als wenn er seine eigene Darbietung gehört hätte.

Als Seine Lordschaft mich bemerkte, näherte er sich mir mit äußerster Höflichkeit und gab mir Zeichen, mich zu setzen und ihn auf dem Fagott zu begleiten, was ich bis zum Abendessen tat. Nach dem Abendessen bat ich Lady *Diddle-doodle,* den edlen Lord zum Singen zu überreden, was er auch tat. Doch zu meiner Enttäuschung stellte ich fest, dass seine Stimme nur hohl war [3]. Er sang jedoch richtig, zitterte und war alles andere als vulgär. Mylady machte dies später durch ihren eigenen Gesang wieder gut. Ihre Stimme war wie ein seidenes Fell, ohne die geringste Beimischung von Kammgarn. Sie verstand alle Schattierungen und Höhen einer Melodie. Ihr Hintergrund, ihre Schabkunst und ihre Clare-Undercover-Töne waren bezaubernd und alle Töne waren so rund und würdevoll, dass alles, was sie tat, interessant wurde.

---

[3] „Seine Stimme ist nur noch ein Faden."

TOUR NACH ITALIEN.

In diesem Teil *Englands* besuchte ich Mr. *Quaver* mit Empfehlungsbriefen von Lord *Diddledoodle* . Ich erkannte, dass er ein Gentleman von beträchtlichem und originellem musikalischem Genie war. Sein Geschmack war rein, keusch und kultiviert und seine Darbietung, besonders auf der Maultrommel, war vorzüglich. Er spielte *Nancy Dawson* , *Lillabullero* und *den alten Sir Simon, den König, mit großem Geschmack und Können* . Nach dem Essen erklärte er mir sein System zur Klangverbesserung, das zugleich erhaben und originell war. „Der Schöpfer der Natur", sagte er, „hat seine Gaben mit gleichmäßiger und umsichtiger Hand unter seinen Geschöpfen verteilt: einem hat er Kraft gegeben, einem anderen Geschicklichkeit, einem dritten Ausdauer; auf die gleiche Weise hat er die angenehmen Eigenschaften verteilt; und der Höfling und der feine Gentleman brauchen nicht zu erröten, wenn sie sich von einem Spaniel und einem Affen belehren lassen – So wie der Philosoph sein Leben nach der Nachahmung der Tugenden von Tieren gestaltet, wird der wahre Kenner dasselbe tun" – hier hielt er inne, als fürchtete er sich, sich zu erklären; aber ich sagte ihm, dass seine Vorstellungen so originell und meisterhaft seien, dass ich mich nicht wohlfühlen würde, bis er sie mir mitteile. Woraufhin er nach einer kurzen Pause meine Hand ergriff und sie liebevoll ergriff und sagte: „Da", sagte er, „ich in Ihnen den wahren Geist Ihrer Wissenschaft finde, werde ich keine Zurückhaltung mehr aufrechterhalten; wissen Sie also, dass ich nach tiefer Meditation über die erhabensten Geheimnisse unseres Berufs diese bis zur Schöpfung zurückverfolgt habe" – „wie!" sagte ich erstaunt, „ich dachte, die größten Altertumsforscher hätten sie nie mit Sicherheit höher gebracht als die Sintflut." „Ich wusste", sagte er, „ich würde Sie überraschen; aber es ist sicher, dass *Adam* neben seinen anderen Fähigkeiten die Fähigkeit besaß, jeden Laut zum Ausdruck zu bringen, der jemals ausgesprochen wurde oder werden kann; daher konnte er nicht nur bewundernd Bass und Diskant, Countertenor und Sopran singen, sondern auch wie ein Schwein quieken, wie ein Frosch quaken, wie ein Stier brüllen, wie ein Fohlen wiehern und wie ein Esel schreien."

„Es ist wahr, dass ihm der größte Teil dieser Fähigkeiten beim Sündenfall genommen und sehr spärlich an seine Nachkommen weitergegeben wurde; Daraus ergibt sich jene Entartung, in die die Musik in den modernen Zeitaltern der Welt geraten ist: diese erhabene Wissenschaft, anstatt die natürlichen Leidenschaften durch eine vernünftige Nachahmung der Töne von Tieren auszudrücken; anstatt die Wut des Löwen herauszubrüllen; Das Brüllen der Eifersucht des Stiers oder das Singen der Liebesleidenschaften der Nachtigall wird zu einem bedeutungslosen Jargon ohne Kraft und Energie, und seine Bekenner und Bewunderer werden zum verächtlichsten Teil der Schöpfung herabgestuft; zitternde Eunuchen, gefühllose Prostituierte, unbedeutende Dummköpfe, Elende ohne Kopf, ohne Herz, ohne Gefühl oder Enthusiasmus." – Ich war mir allzu bewusst, dass in den Beobachtungen dieses Herrn nur zu viel Wahrheit steckte, obwohl ich nicht allem, was er sagte, zustimmen konnte gegen unsere modernen *Virtuosen*, unter denen selbst der Neid anerkennen muss, dass es einige vollendete Charaktere gibt; und das 18. Jahrhundert wird immer stolz darauf sein, einen KURFÜRSTEN VON MÜNCHEN , einen TENDUCCI und einen MUS HERVORGEBRACHT ZU HABEN .

„Aber", sagte mein Freund, „da ich erkannte, dass dies der beklagenswerte Zustand der Dinge ist, habe ich mich mit wahrem und unermüdlichem Fleiß der Wiederherstellung der ersten *Adamitischen* Harmonie gewidmet. Ich habe die bewundernswertesten Töne von jedem Tier ausgewählt und habe mir bereits eine leidliche Fertigkeit im Brüllen, Schreien und Grunzen angeeignet. Ich habe tatsächlich festgestellt, dass der *Schrei* des Pfaus zwei Töne zu hoch für meine Stimme war; aber dafür kann ich, wenn ich das ohne Eitelkeit sagen darf, jeder Henne und jedem Gänschen im Hof zärtliche Gefühle einflößen. Außerdem habe ich jedes große Naturtalent gesammelt, das ich unter der tierischen Schöpfung gefunden habe. Ich habe einen jungen Esel, der einen bewundernswerten Bass hat; ein junges Schwein (ein *Kastrat*), *das Countertenor singt; und eine liebe kleine Katze, die ich zu Ehren dieses berühmten Namens, der auf der Tournee des Doktors so gefeiert wird,* MINGOTTI *nenne*, die einen ausgezeichneten Diskant und ein überraschendes *Portamento hat*. Aber warum soll ich meine Zeit mit einer Beschreibung verschwenden? Sie werden meine Schüler und meine *Schola sehen*."

Mit diesen Worten führte er mich zu einem großen Gebäude, das einer Scheune ähnelte, wo wir vom *Maestro di Capella*, einem alten und tauben Jäger, empfangen wurden. Das erste Objekt, das ich sah, war eine wunderschöne Dirne mit einer *Mecklinburgh*- Schlafmütze, die ein Solo brüllte. Ihre Stimme war eine der klarsten, süßesten, wahrsten, kraftvollsten und umfangreichsten, die ich je gehört habe. Im Kompass reicht es von *B b* auf der fünften Stelle im Bass bis *D* im *Alt*, ganz gleichmäßig und gleich; Ihr Shake war gut und ihr *Portamento* war bewundernswert frei von Nase, Mund oder Rachen. Wir wurden dann durch ein Duett zwischen den *Mingotti* und einem großen Raben in der *Chromatik unterhalten*, das noch lebhafter wurde, als mein Freund einen Knochen aus seiner Tasche zog, den er den Darstellern zuwarf, und dadurch einen *Konflikt auslöste*. Dann sagte ich meinem Freund, dass ich dem *Kastraten gerne zuhören würde*, aber er sagte mir, er fürchte, der *Caffarelli* könne mir in dieser Hinsicht nicht gehorchen, da er sich unglücklicherweise erkältet habe, weil er sich zu lange auf einem ungelüfteten Misthaufen gewälzt habe, und dann tatsächlich drinnen sei eine Portion Kandiszucker. Er warf jedoch eine Rübe, um ihn zu ermutigen, sich anzustrengen, und aus dem, was ich dann hörte, konnte ich schließen, dass er wahrscheinlich ein äußerst meisterhafter Darsteller werden würde.

Mein Freund band dann Fäden an die Ohren von sechs jungen Windhundwelpen und zupfte sie mit so viel Kunst und Geschick mithilfe einer Rolle, dass die Wirkung meiner Meinung nach der jeder *Gambe di Gamba ebenbürtig war, die ich je gehört habe, die des Kurfürsten von München* nicht ausgenommen.

Mein Freund hängte dann zwei Katzen an den Schwänzen auf und ließ sie abwechselnd auf den Nasen von zwei Spanferkeln hüpfen, die wiederum an den Hinterbeinen am Boden festgebunden waren. Obwohl mir auffiel, dass die Darsteller sich etwas verlegen verhielten, musste ich zugeben, dass die Wirkung völlig originell und wahrhaft theatralisch war.

Mr. *Quaver* erzählte mir dann, dass er früher einige dieser Künstler zu einem Konzert eingeladen hatte, aber ohne Erfolg. Er beklagte sich sehr über die Unhöflichkeit des Publikums, das seiner Aussage nach drei Stunden geduldig dasitzen und den bedeutungslosen Trillern von Helden in Reifröcken und *italienischen* Vagabunden in einer fremden Sprache lauschen konnte, während sie der Stimme der Natur und ihrer Brüder keine halbe Stunde widmen wollten. Obwohl ich die Tatsachen, auf die er anspielte, nicht kannte, war ich, wie Dr. MUS, Talenten gegenüber so aufgeschlossen, wo immer ich sie fand, dass ich meinem freundlichen Gastgeber bei dieser Gelegenheit mein Beileid aussprechen musste. Nachdem ich die Degeneration der Zeit beklagt und ihm Erfolg bei seinem wahrhaft originellen Vorhaben gewünscht hatte, das ich ihm bei meiner geplanten Arbeit gebührend berücksichtigen wollte, machte ich mich auf den Weg nach *Bristol*.

Wäre ich reich gewesen, hätte ich einem Kutscher, der sich gerade auf den Weg machte, zugestimmt und mir angeboten, mich und mein Fagott im Korb für sechzehn Schilling zu tragen. Aber da Reichtum nicht immer mit Genie einhergeht, entschied ich mich lieber dafür, meinen Platz in einem Kohlenschiff einzunehmen, das in drei Tagen in dieser Stadt ankommen sollte. Da hier das Wetter sehr schön war, als ich draußen saß, reiste ich am ersten Tag sehr angenehm und aß Brot, Käse und kalten Speck, ohne irgendwelche Beobachtungen zu machen, die es wert waren, der Öffentlichkeit mitgeteilt zu werden, außer dass ich einen Mann sah am Ufer stehen und Hasel angeln, ungeachtet der frühen Jahreszeit.

Am zweiten Tag, als der Wind plötzlich von West auf Nordost drehte, war es neblig, regnerisch und so extrem kalt, dass ich, da ich Dr. MUS' lausige Decke nicht hatte, meine Beine und Schenkel in einen Kohlensack stecken musste. Gegen zwei Uhr machten wir in *Averley*, einem kleinen Dorf am Ufer des *Severn, Halt*, um zu Mittag zu essen. Und hier kann ich nur der Welt mitteilen, dass Mr. *Bangor*, genannt The *Goat in Boots*, ein äußerst höflicher und höflicher Wirt ist und keinen verachtenswerten Musikgeschmack hat. Als ich ihm von meinem Vorhaben erzählte, diese Expedition zu unternehmen, führte er mich sehr zuvorkommend in seine Halle, die mit verschiedenen alten Musikstücken wie *Chevy Chace*, *The Children in the Wood*, *Three Children slides on the Ice*, *The history of St. George* usw. vollgestopft war, mit denen ich meine Sammlung bereichern durfte. Er erlaubte mir freundlicherweise, sie zu verwenden. Ich bat ihn inständig, mir zu erlauben, die Töne einer unvergleichlichen Pfeife zu spielen, während er sie vortrug, was er schließlich unter großen Schwierigkeiten tat, allerdings unter der Bedingung, dass ich sie nicht in Druckbuchstaben drucke. Aber ich war mehr als überrascht und entzückt von seiner Großzügigkeit, als er mir ein Stück gebratene Rinderkeule in die Tasche steckte und darauf bestand, mich mit einem Gläschen zu verwöhnen, bevor ich in die Kälte ging.

Als ich zum Flussufer hinunterging, bemerkte ich einen Jungen, der die Melodie von *Yanky Doodle summte. Da ich wusste, dass dies in einigen Teilen Amerikas* ein äußerst beliebtes Lied ist , vermutete ich, dass dieser Teil *Englands* ursprünglich von diesem Kontinent besiedelt war.

BRISTOL.

SPÄT am nächsten Abend kamen wir in *Bristol an* , einer großen und bevölkerungsreichen Stadt, die eher für ihren Handel, ihre Manufakturen und solche Kleinigkeiten als für ihren Musikgeschmack bekannt ist. Sie haben dort erst kürzlich ein reguläres Theater einrichten lassen, um die unhöflichen Manieren der Dissidenten zu zivilisieren und zu polieren, denen sogar der heftige Widerstand, den sie dieser heilsamen Maßnahme entgegenbrachten, erfolgreich gewesen wäre, wenn die Bischöfe sich nicht für die Sache der schönen Künste eingesetzt hätten; Ich habe daher kaum Zweifel, dass sie bald feststellen werden, dass „Musik so mit heiligen und wichtigen Dingen sowie mit unseren Freuden verbunden ist, dass sie für unsere Existenz notwendig erscheint". Dann werden sie schnell Freunde von Orgeln werden neben Opern. Als ich mich der Stadt näherte, war ich erfreut, die Bataillone der Hauptmiliz zu sehen, die einen äußerst beeindruckenden Auftritt machten und genau im richtigen Takt zu den Markknochen und Spaltern marschierten, die eine bewundernswerte Wirkung hatten und äußerst belebend waren. Ich quartierte mich im *Porridge-Pot beim Dog's Head ein* , und nachdem ich meine Perücke mit etwas Mehl gepudert, meinen Bart mit einer Schere gestutzt und mein Hemd gewendet hatte, ging ich zu Signor *Manselli* , von dem ich Briefe hatte, um ihn zu bedienen Empfehlung. Als ich an die Tür geklopft und gefragt hatte, ob der Signor da sei, wurde mir mitgeteilt, dass er da sei, ich ihn aber nicht sehen könne, da er gerade damit beschäftigt sei, seinen Gesang vorzutragen. Sie können sicher sein, dass diese Antwort meine Neugier verdoppelte, und ich antwortete: „Wenn ein armer, aber ich vertraue darauf, kein unbekannter Musiker für würdig erachtet werden kann, ein unbeobachteter Zuschauer der Meditationen des Signors zu sein, verspreche ich, seine Träumereien nicht zu stören." , und vielleicht wird der Signor selbst nicht unzufrieden sein, wenn Sie ihm einen *Collioni vorstellen* !"

Als er erfuhr, dass ich Musiker war, verneigte er sich respektvoll und forderte mich auf, meine Schuhe auszuziehen, wie er es selbst tat, und führte mich in die Wohnung des Signors. Als wir an der Tür ankamen, forderte der Diener mich auf, meinen Mantel, meine Weste und meine Perücke auszuziehen und durch ein Loch zu kriechen, das er mir unten an der Tür zeigte, da er mir versicherte, dass der Signor nicht einmal gekrönt werden müsse in diesen Momenten der Begeisterung auf ihn zuzugehen, ohne diese Vorsichtsmaßnahmen zu treffen; „Und Sir", sagte er, „Sie brauchen dies nicht für eine demütigende Situation zu halten, da ich viele Personen der ersten Generation, darunter mehrere schwangere Damen, gesehen habe, die sich derselben Zeremonie unterzogen."

Ich zögerte keinen Augenblick, mich an die übliche *Etikette zu halten*, sondern zog mich bis auf das Hemd aus und schlich in den Raum, mit derselben ehrfurchtgebietenden Stille, mit der sich die alten Priester dem Dreifuß ihres Gottes näherten. Nachdem ich mich hinter einem großen Wandschirm postiert hatte, erblickte ich den Signor auf dem Bauch liegend, während zwei junge und schöne Damen ihm mit den Handflächen sanft den Rücken streichelten. Er lag einige Minuten nachdenklich und schweigend da, als warte er auf die Eingebungen der Gottheit. Schließlich, ganz plötzlich, „starrten seine Augen, seine Unterlippe fiel herab und prickelnde Tropfen strömten aus seinem ganzen Gesicht." Sofort erklangen von hinten Explosionen der musikalischsten Intonation, die ich je gehört hatte, und entzückten die ganze Gesellschaft. Danach hustete, nieste, hickste, rülpste, quiekte und pfiff er nacheinander auf die harmonischste Art und Weise, die man sich vorstellen kann. „Dem Himmel sei Dank", rief der Signor, „meine Harmoniebegabung ist noch unvermindert: Ich werde noch leben, um die Welt zu segnen und dieser brutalen Nation Glanz zu verleihen." Während er das sagte, nahm er seine Geige und spielte ein göttliches Solo. Ich hörte ihm eine Zeit lang in stiller Ekstase zu, bis ich schließlich meine Emotionen nicht länger unterdrücken konnte und mich in seine Arme stürzte und in Nachahmung des großen *Cassarelli weinte oder vielmehr heulte*: „*Bravo! bravissimo! Manselli, è Collioni che ti lo dice*." Der Signor schien über meine abrupte Vorstellung etwas überrascht, aber schließlich fasste er sich und empfing mich mit unbeschreiblicher Höflichkeit. Die Damen hatten bei meinem Erscheinen aufgeschrien und den Raum verlassen, den wir in der ersten Eile unserer Umarmungen nicht bemerkt hatten. Doch dann senkte der Signor den Blick, fasste sich und sagte mit einiger Wärme und Nachdruck: „O, wahrlich, Signor *Collioni*, ich hatte es als selbstverständlich angesehen, dass Sie einer von UNS SIND." Ich errötete ob dieser Unterstellung und sagte: „Ich hoffte, dieser Mangel würde seine Achtung nicht schmälern, da mein Land noch nicht zivilisiert genug war, um diesen Brauch übernommen zu haben; und obwohl einige unserer erlesenen Adligen Geist und Geschmack hatten, mit gutem Beispiel voranzugehen, war er in den groben Auffassungen der *Engländer* doch zu einem gewissen Grad lächerlich, was einige Männer, die sonst von der erlesensten Höflichkeit wären, davon abhielt, sich ihm zu beugen." Der Signor war so freundlich, meine Entschuldigungen zu akzeptieren, beklagte dies jedoch als das größte Hindernis für den nationalen Fortschritt in der Musikwissenschaft. Er behauptete jedoch, dass sich seines Wissens mehrere junge vermögende *englische Adlige in Italien dieser Operation unterzogen hätten*, „und obwohl", fügte er hinzu, „ein gewöhnlicher Fachmann von der Praxis befreit sein mag, ist sie doch für jemanden, der alle Geheimnisse der Kunst ergründen und den berühmten Namen *Senesino*, *Farinelli*, *Tenducci* usw. nacheifern möchte, unbedingt erforderlich."

Ich muss gestehen, dass ich über seine Aussage sehr verblüfft war, vor allem, weil ich selbst zu zweifeln begann, ob die Charaktere eines Mannes und eines Musikers überhaupt zusammenpassen.

Ich deutete ihm gegenüber an, dass ich früher gehört hatte, eine gewisse bedeutende Persönlichkeit *namens Martí quàm Mercurio , der für sein kriegerisches und sein musikalisches Talent gleichermaßen berühmt war, habe diese Praxis übernommen. Da der Doktor dies jedoch bei seiner Reise nach Potsdam* nicht aufgezeichnet hatte , nahm ich an, dass der Bericht unbegründet war.

"Ah!" sagte er: „Verlassen Sie sich darauf, obwohl der Doktor diesen Umstand in der bewundernswerten Beschreibung dieses Helden und des Dilettanten, der in *Potzdam seine Solfeggi übte* , tatsächlich ausgelassen hat, wäre er weder der Monarch noch der Flötist gewesen, der er ist." ohne es. Glaubst du, fügte er hinzu, dass sich dieser berühmte Philosoph so ruhig in seinem Schrank mit Fugus und Adagios amüsieren könnte, während zehntausend *polnische* Witwen und Waisen ihren gefühllosen Zerstörer mit Flüchen überhäuften, es sei denn, er hätte sich ganz davon losgesagt? jede Belastung seines Geschlechts und seiner Spezies?"

Hier unterbrach der Auftritt der jungen Damen jede weitere Unterhaltung zu diesem Thema. Der Älteste, seine Nichte, *die Gluckinella Inglesina* hieß , bat mich zu singen, was ich in dem sanftesten und unmännlichsten Ton tat, den ich aufbringen konnte, damit ich nicht noch einmal beleidigt würde. Ich fragte sie, was ihre wahre Meinung zu meiner Stimme sei? Sie antwortete mir mit der vollkommensten Liebenswürdigkeit, dass ich mich in *Anbetracht dessen einigermaßen gut geschlagen habe* ; Allerdings hielt sie es für zu ehrgeizig, mein Talent in der Bearbeitung von Rollen und Themen zur Schau zu stellen, und fügte hinzu, dass meine *Kantilene* oft unhöflich sei.

Als ich mit dieser jungen Dame allein war, nutzte ich die Gelegenheit, mich zu erkundigen, ob die *Kastraten in Bristol* sehr in Mode seien und ob diese Operation auch bei älteren Herren so gefahrlos durchgeführt werden könne. Die junge Dame lächelte über meine Einfalt und versicherte mir, dass die Operation sicher und einfach und nicht so schmerzhaft sei, dass sie zu einer Lösung führen würde, und dass die *Kastraten* bei den Damen, sowohl den verheirateten als auch den unverheirateten, die Lieblinge seien. Sie riet mir, mich unbedingt der Operation zu unterziehen, wie es der Doktor in *Italien getan hatte* , obwohl sein übertriebenes Bescheidenheitsgefühl ihn daran hinderte, in seiner ausgezeichneten Abhandlung damit zu prahlen. Sie fügte hinzu, dass sie mich nicht mit Sicherheit lieben könne, wenn ich mich ihr zuliebe nicht dieser Operation unterziehen würde.

Diese Erklärung einer jungen Dame, für die ich, wie ich jetzt merkte, die glühendste Zuneigung empfand, bereitete mir großes Unbehagen; Diese Zuneigung war jedoch rein platonischer und spiritueller Natur, denn sie hatte, wie ich jemals herausfand, genauso wenig persönlichen Charme wie *Mingotti* selbst. Abgesehen von dem Nachteil einer Verrenkung des Auges, die gemeinhin als „Schielen des Auges" bezeichnet wird, und einer sehr langen roten Nase hatte sie einen Mund, der, obwohl er sich von Ohr zu Ohr öffnete, für das Auge nichts als die traurigen Überreste davon entdeckte ein Gebiss aus Ebenholz, das eher an die Ruinen einer alten Kathedrale erinnerte als an das polierte Elfenbein, das den komischen Mund der berühmten Frau *Ab-ngt-n schmückt* . Es gab noch einen weiteren Umstand, der den Genussmenschen abscheulich machte und ihn davon abhielt, sich diesem Syren mit einer unangemessenen Vertrautheit zu nähern; und das war die große Anstößigkeit ihres Atems, der so heftig war, dass jemand, der nicht so „entschlossen" war wie ich, „nichts als Musik zu hören, zu sehen" und zu riechen, vielleicht glaubte, dass dies durch die Süße ihres Atems kaum gesühnt werden konnte ihre Stimme. Doch keiner dieser Umstände dämpfte die Begeisterung meiner spirituellen Verbundenheit, die auf einer soliden Grundlage auf der Liebe zum Gesang beruhte; es war die verkörperte Harmonie, die melodische Seele, die ich verehrte. Der Leser, der den Unterschied zwischen einer groben sinnlichen Leidenschaft und einer erhabenen, harmonischen Sympathie nicht kennt, wird vielleicht überrascht sein, wenn ich ihm erzähle, dass ich, während ich der göttlichen *Gluckinella so ergeben war* , gleichzeitig von ihr persönlich fasziniert war die körperlichen Reize einer kleinen schwarzäugigen Zigeunerin, der Frau eines Friseurs in der Stadt, die mich oft für ein Lied rasierte; doch beeinträchtigten oder schmälerten diese gröberen Gefühle meine musikalische und platonische Liebe nicht im Geringsten. Ich könnte vielleicht entschuldigt werden, wenn ich den Verlauf und Ausgang dieser verschiedenen Liebschaften verheimlichen würde; Aber sie sind so eng mit dem wissenschaftlichen Teil meiner Arbeit verknüpft und hatten für mich selbst in meiner beruflichen Tätigkeit so wichtige Konsequenzen, dass ich nicht bezweifle, dass die Erzählung für meine Brüder von großem Nutzen sein wird. Denn es war keine gewöhnliche Versuchung, die mich getäuscht hat; Obwohl Mrs. *Sharpset* überaus gutaussehend war, hätte ich „den Schmeicheleien der Schönheit" widerstehen können, wenn nicht der Wunsch, gefährliche Experimente über die Kraft und Wirkung der Musik auf die weibliche Leidenschaft durchzuführen, mein Gehirn erfasst hätte. Denn mir war aufgefallen, dass die Fantasie dieser jungen Frau überaus lebhaft war und die ihres Mannes bei weitem übertraf, der ein schlichter, langweiliger Mann mit wenig Feuer oder Enthusiasmus in seinen Kompositionen war. Ich nahm dies deutlich in all ihren Gesten und Bewegungen wahr, aber als ich eine zärtliche, sentimentale Melodie sang, verrieten ihre unwillkürlichen Seufzer, ihr Erröten und ihre träge Haltung zu deutlich die Reizbarkeit ihrer Nerven und die feine Empfänglichkeit für sanfte Gefühle, mit der die Natur ausgestattet ist das Geschlecht verliehen. Kein Wunder, dass ich in einem rohen, unkultivierten Zustand, in dem ich mich damals befand, das subtile Feuer ihrer ansteckenden Augen wahrnahm. Ah! Wie oft habe ich die *süße Leidenschaft der Liebe* gesungen, ohne auch nur an meine liebe *Gluckinella zu denken*; Wie oft hat sie mein „ *O wie angenehm ist es zu gefallen"wiederholt*, ohne die geringste Erinnerung an ihren abwesenden Friseur! Wahnsinnig entschlossen, das verhängnisvolle Experiment fortzusetzen und die volle Wirkung meiner Kunst zu beobachten; Als nächstes sang ich „ *Eile, lasst uns schweifen, zur Insel der Liebe"*, woraufhin Mrs. *Sharpset* sehr aufgeregt war und durch den Raum tanzte. Dann spielte ich ein hinreißendes freiwilliges Stück, „das in den glücklichen Momenten des Aufbrausens entstand, als mein Verstand weniger mächtig war als mein Gefühl"; und schließlich ging ich zu einem solchen Übermaß an Kühnheit über, dass ich *Geho Dobbin* , *Murdoch O'Blaney* und mehrere andere aufrührerische Kompositionen stimmte ; und als ich feststellte, dass meine Herrin „aufmerksam und bereit war, zufrieden zu sein, wurde ich zu jener wahren Begeisterung belebt, die sich durch die Glut des inneren Feuers an andere weitergibt und alles um mich herum in Flammen setzt, so dass der Streit entsteht." Zwischen dem Darsteller und dem Zuhörer stand nur, wer am meisten gefallen oder applaudieren sollte, bis sie sich schließlich nicht mehr damit zufrieden gab, ihre Zustimmung durch Husten, Schnäuzen und Naseputzen zu zeigen", „drückte sie ihre Verzückung auf eine Art und Weise aus, die ihr eigen war, und schien vor Vergnügen zu quälen, das zu groß für den schmerzenden Sinn war!" denn schließlich, überwältigt von meinem Schwanken und Zittern und über alle Grenzen der Klugheit hinausgerissen, sprang Mrs. *Sharpset* plötzlich in meine Arme, schlang sich um meinen Hals und verschlang mich mit eifrigen Küssen, wie ich sie noch nie zuvor gekostet hatte seit. Welcher Mensch, welcher unentmannte Gott hätte solchen mächtigen Fallstricken widerstehen können? Ah! Meine heitere *Gluckinella,* wärst du dort gewesen, dieser Aufruhr hatte sich alle gelegt, der Teufel hatte meinen Geist, meine Stimme und mein Instrument nicht vollständig in Besitz genommen, noch hatte ich die schmerzhafte Betätigung des Rachestahls des Friseurs nötig, um meine wandernden Geister wieder in Ordnung zu bringen Grund: – denn bald und inmitten unserer unerlaubten Freuden wurde die Tür der Kammer gewaltsam geöffnet, und Mr. *Sharpset stürzte herein* . – Misstönende Flüche und Flüche und der Blick und die Stimme einer Wut, die einen Zauberspruch zum Erwachen ausführte die Toten, maßgefertigt den verletzten Ehemann und erschreckte uns aus dem Bett. Er zog sich einen Moment zurück, um das Instrument seiner Rache zu holen. Mrs. *Sharpset* entkam, aber im nächsten Moment sah ich, wie er zurückkam und sein schärfstes Rasiermesser wetzte; Als ich zu dem Schluss kam, dass er mir auf der Stelle die Kehle durchschneiden wollte, fiel ich ihm zu Füßen und brüllte in einer Qual der Angst und Reue ein solches MISERERE , wie man es in der *Passionswoche in der Kapelle des Papstes noch nie gehört hatte* . Ach! Wie hätte ich mir gewünscht, dass das Genie eines *Gluck* „ *meine schwierige Situation* malt , die durch kompliziertes Elend und die stürmische Wut ungezügelter Leidenschaften verursacht wird!" Aber *Allegri* selbst hätte, wenn er sein eigenes MISERERE GESUNGEN hätte, die unerbittliche Seele des Rasierers nicht bewegen oder seine verletzte Ehre in den Armen beruhigen können und ihr Opfer fordern! Ich versuchte es mit einer sanfteren Note und sang in schmelzender Stimmung: „ *Lass deinen Busen nicht wütend werden, entferne den sanfteren Anspruch des Mitleids* " usw. Aber es war alles eins: Noch immer schnallte er sich sein unerbittliches Rasiermesser um und summte ein Lied von *Bravour* , dessen Thema die Kastration des Teufels durch einen Bäcker war; (Das ist übrigens eine sehr merkwürdige Geschichte, deren Authentizität ich nach Belieben näher untersuchen muss.) Ich verkündete sofort mein bevorstehendes Schicksal aus der Last dieses Liedes; und der *Cornuto* gab mir bald zu verstehen, dass meine Vermutung begründet sei. Da ich bis jetzt unter Schweißausbrüchen und körperlicher Angst um mein Leben gelitten hatte, beglückwünschte ich mich zu diesem Austausch der Bestrafung, als eine Art Gnadenfrist und in Anbetracht dessen, dass ich mich schon vor einiger Zeit wie ein anderer *Grassetto entschlossen hatte* , mich der Operation zu unterziehen wann immer ich mich zu einem solchen freiwilligen Opfer mutig genug fühlte; Ich nahm all meinen Mut zusammen und sagte dem Friseur mit großer Gelassenheit, dass ein schlechtes Gewissen für mich eine größere Qual sei als alles, was er sich vorstellen konnte; aber um das Verbrechen zu sühnen, das ich begangen hatte, und um den Zorn des Himmels und des ehrlichen Mannes, den ich so tief beleidigt hatte, zu besänftigen, würde ich mich geduldig dem gerechten Urteil unterwerfen, das seine Rache auf den peccante Teil richtete. Der wütende Tonsor nahm mich beim Wort.

Das erste, was mir in den Sinn kam, nachdem ich aus dem Ohnmachtsanfall erwacht war, in den mich der Schmerzanfall gestürzt hatte, war, meine Stimme in ihrem verbesserten Zustand zu testen. Dementsprechend habe ich „ *A Dawn of Hope my Soul revives* " *gesungen* und festgestellt, dass meine Kräfte wunderbar verbessert wurden und meine Ausführung delikat, interessant und voller Wirkung war. „Ho, ho", ruft der Friseur, „ich freue mich, dass du so fröhlich bist", und nimmt sein altes Lied vom Bäcker und dem Teufel wieder auf. Ich sagte ihm, dass ich es für unfreundlich halte, mich zu beleidigen, und bat ihn, mich nach Hause zu bringen, wozu er bereitwillig zustimmte, und begann bald darauf, mich für die Auswirkungen seines Zorns zu entschuldigen, in der Hoffnung, ich würde über die Natur des Ärgers nachdenken Provokation und nicht der Versuch, ihm das Gesetz wegzunehmen. Ich antwortete, dass ich unter der Bedingung, dass er seine Frau freiwillig begnadigen würde, deren Fehler lässlich war, da ihre Tugend der Macht der Harmonie zum Opfer gefallen war, jede feindselige Klage gegen ihn auf eigene Faust ablehnen würde, mit dieser Bedingung schien er zufrieden zu sein , und wir trennten uns. – Ich wurde auf einem Maultier nach Hause gebracht, auf dem ich seitwärts ritt; und sobald ich bei Signor *Manselli ankam* , ließ ich ihn in mein Zimmer rufen und sprach ihn, als er sich näherte, mit folgender Miene an, wobei ich in meinem Gesang alle meine neu erworbenen Kräfte einsetzte.

Bär, o ertrage mich plötzlich,

Eine Art lächelnder Zufall!

Aus diesem Land voller Rindfleisch und Pudding,

An das liebe Italien *oder* Frankreich!

Ich bin krank bis in die Seele,

Politik und Meereskohle,

Also gib einem die Dämpfe,

Ihre verfluchten Zeitungen,

Ihr Mobbing,

Stock-Job

Sind für mich Schrecken;

Ich wünschte, die ganze Insel würde im Meer versinken.

Während meines Auftritts schien der Signor völlig erstaunt zu sein, und schließlich ergriff er entzückt meine Hand und rief: „Willkommen“, „O Sohn der Harmonie!“ es kann nicht länger verheimlicht werden, du bist ein Bruder – du bist einer von uns“ – dann schwärmte er von der Würde und Bedeutung des Kastratenordens und *forderte* mich auf, wenn ich nicht zu sehr erschöpft wäre, noch einmal seine Lieblingsmelodie zu singen, die wann „Ich hatte es getan“, schrie er voller Beschwingtheit: „ *Ne vox hominem sonat!*“ Ich kann kaum glauben, dass es die gleiche Pfeife ist! So eine Lautstärke, so ein offener und perfekter Shake! So viel Licht und Schatten! Noch nie war die Stimme weniger *trüb* ! solche Klarheit, Brillanz, Sauberkeit, Ausdruck, Ausschmückung, Intonation, Festigkeit, Modulation, Geschmeidigkeit und Eleganz! und dann ist Ihr *Portamento* so rund und fest wie ein Portmanteau, und Sie nehmen *Appogiatura* so leicht, wie ein Körper eine Prise Schnupftabak vertragen würde!“ –

Ich fühlte mich durch diese Lobpreisungen sehr geschmeichelt, bat ihn aber, davon abzusehen und mich in mein Zimmer zurückziehen zu lassen, um mich zu erfrischen und auszuruhen. Er kam meiner Bitte sofort nach und schickte Signor *Sougelder zu mir* , einen hervorragenden Chirurgen aus der Nachbarschaft und angenehmen Englischhornspieler . Er legte einen ausgezeichneten Verband auf meine Wunde und ließ mich schlafen. „So endete dieser arbeitsreiche und wichtige Tag, an dem so viel gesagt und getan wurde, dass er die Ereignisse eines viel längeren Zeitraums zu beinhalten schien. Wenn ich mich an die einzelnen Vorfälle erinnerte, konnte ich mich kaum davon überzeugen, dass sie sich alle innerhalb von etwa zwölf Stunden zugetragen hatten." Durch die freundlichen und geschickten Dienste von Signor *Sougelder* wurde meine Gesundheit und meine Lebensgeister bald wiederhergestellt. Und meine bezaubernde Signora *Gluckinelli* stattete mir nach ein paar Tagen einen Gratulationsbesuch ab, den sie während meiner Genesung jeden Tag wiederholte. Bei einigen dieser entzückenden Gespräche entdeckte ich, wie tiefgründig sie als Theoretikerin und wie bewandert sie in der Wissenschaft des Klangs war. Neben anderen Entdeckungen und Beobachtungen, die sie mir mitteilte und die ich schätze und zum Nutzen künftiger Generationen bewahren möchte, versicherte sie mir, dass es „mit Zeit und Geduld möglich sei, ein Schütteln zu erzeugen, wo die Natur es verweigert; dass ihrer Meinung nach das Schütteln in 99 von 100 Fällen durch zu viel Ungeduld und Eile sowohl beim Meister als auch beim Schüler verdorben werde, und dass viele, die Passagen ausführen können, die dieselbe Bewegung des *Kehlkopfes erfordern* wie das Schütteln, trotzdem nie eines gelernt haben" – „Dafür gibt es keine Erklärung", fügte die berühmte junge Dame mit einem Seufzer hinzu, „außer dadurch, dass der Meister es versäumte, die Natur zu studieren und sich diese Passagen zunutze zu machen, die durch Kontinuität zu echten Schüttelbewegungen werden würden."

Während meiner Gefangenschaft in meinem Zimmer hatte ich Muße, die vorstehenden Beobachtungen, Anekdoten und Abenteuer aus meinem Tagebuch zu extrahieren und sie der Welt als erste Hinweise auf mein Unternehmen vorzustellen. Wenn sie in irgendeiner Form dazu neigen, das Studium und die Ausübung der Musik in diesem Land zu fördern und auf diese Weise unseren nationalen Vorwurf zu mildern , *die Wilden Europas* zu sein , die in Politik, Philosophie, Metaphysik, Mathematik und anderen bitteren und abstrusen Spekulationen versunken sind, Ich habe mein Ziel erreicht und werde mir dazu gratulieren, dass ich in gewissem Maße die großzügigen Bemühungen des großen musikalischen Doktors und der Direktoren des *Findelkrankenhauses unterstützt habe,* das Genie, den Geschmack und die Manieren der *englischen* Nation zu polieren und *zu italienisieren* .

Manselli, sobald ich meine Gesundheit wieder vollkommen hergestellt hatte, ein großes *Fête Champêtre* veranstaltete, um das zu feiern, was er meinen Sieg über Fleisch und Teufel zu nennen geruhte. Und um dem Ganzen die Krone aufzusetzen, geruhte das Idol meiner Seele, die schöne *Gluckinella , an diesem Tag, sich herabzulassen, öffentlich ihre platonische harmonische Leidenschaft für mich zu bekennen und mir auf die liebevollste Art zu versprechen, dass ich ihr* CECISBEO sein würde, wenn sie jemals den heiligen Bund der Ehe eingehen würde .

DAS ENDE.